사도행전

글로벌 증인이 되어라

이대희 지음 | 바이블미션 편

엔크리스토
ENCHRISTO

인생의 기초를 성경으로 다져라

십대는 두 번 다시 돌아갈 수 없는 인생에서 귀한 시기입니다.
앞으로 인생을 살아가는 데 있어 기초를 다지는 시기로, 십대를 어떻게
보내느냐에 따라 인생이 달라집니다.

우리가 사는 세상에는 십대를 유혹하는 잘못된 문화와 가치관들이
너무 많습니다.
세상에 물들지 않고 성경적 가치관과 하나님의 나라를 꿈꾸며 살아갈
수 있는가 하는 것은 모든 십대뿐 아니라 십대를 지도하는 부모와 교사
들이 갖는 중요한 관심사입니다.

십대들을 영원히 지켜줄 수 있는 것은 오직 말씀입니다.
이 시기에 하나님의 말씀으로 얼마나 무장하느냐에 따라 미래의 삶이
결정됩니다.
성경으로 인생의 기초를 다지는 일은 그 어떤 일보다 중요한 일입니다.

〈틴~꿈 십대성경공부〉 시리즈는 성경 자체를 배우면서 십대의 삶을

가꾸는 내용으로 구성되었습니다. 일차적으로 성경개관을 통해 성경 전체의 맥을 잡고, 그 다음으로 구약성경책과 신약성경책을 통해 십대에 관계된 성경의 각 권을 선택하여 공부하도록 했습니다.

자매 시리즈인 〈아름다운 십대성경공부〉 시리즈와 함께 연결하여 사용하면 균형 있는 교과과정이 됩니다.

아무쪼록 이 성경공부 교재를 통해 성경적 비전을 품고 말씀과 일치를 이루는 하나님의 사람으로 자라나길 기도합니다.

오직 주님께 영광을······.

이대희

틴~꿈 십대성경공부 시리즈 교재의 특성

1_ 십대들이 꼭 알아야 할 핵심내용과 성경적인 가치관과 세계관을 정립하는 성경공부입니다.

2_ 귀납적 형태를 띤 이야기대화식으로 탐구능력을 키우고 생각을 점차 열리게 하는 흥미로운 성경공부입니다.

3_ 자유로운 토의와 열린 대화를 활발하게 하는 소그룹에 적합한 성경공부입니다.

4_ 영적 사고력과 해석력, 분별력을 키우면서 스스로 적용능력을 점차 극대화시켜 주는 성경공부입니다.

5_ 본문 중심 성경공부로, 성경이야기 속으로 빠져들어 말씀의 성육신을 경험하는 성경공부입니다.

6_ 흥미와 재미를 유도하는 주제로 구성되어 있고, 모두가 쉽게 참여하면서 영적 깊이와 변화를 체험하게 하는 전인적인 성경공부입니다.

7_ 성경공부를 통하여 자연스럽게 학과공부와 전인교육에 필요한 논술력, 사고력, 상상력, 창의력, 응용력을 함께 계발시키는 성경공부입니다.

8_ 분반공부와 제자훈련 등 시간(30분, 1시간, 1시간 30분)을 탄력적으로 운영하며 사용할 수 있는 성경공부입니다.

9_ 15년 동안 준비하고 실험한 성경공부 사역 전문가에 의해 검증된 효과적인 공부 방법과 총체적이며 전인적인 교과과정이 체계적으로 구성된 신뢰할 만한 성경공부입니다.

틴~꿈 십대성경공부 시리즈 전체 양육과정표

〈틴~꿈 십대성경공부 시리즈〉는 1년 단위로 5권씩 3년 동안 성경 전체의 내용을 핵심적으로 다루도록 구성되있습니다. 1년자는 성경 파노라마를 통해 성경의 맥과 개관을 다룹니다. 그리고 구약책과 신약책 중에서 십대에 맞는 책을 선택하여 집중적으로 유형별로 균형 있게 공부하도록 했습니다. 십대 시기에 성경의 맛을 직접 느끼게 함으로써, 앞으로의 삶 속에서 성경을 계속 배우고 실천하는 데 도움을 주는 방향으로 내용을 구성했습니다. 십대를 마칠 때는 적어도 성경의 중요한 맥과 뼈대를 잡고, 성경의 내용을 각 권별로 조금씩이라도 살아 있는 말씀으로 경험한다면 평생 동안 말씀과 함께 사는 데 큰 도움이 될 것입니다.

	성경개관 시리즈	구약책 시리즈	신약책 시리즈
1권	성경파노라마 - 구약1 성경, 한눈에 쏘옥~	창세기 인생의 뿌리, 꽉- 잡아라	누가복음 최고의 멘토, 예수님을 만나라
2권	성경파노라마 - 구약2 성경, 한눈에 쏘옥~	에스더 영적 거인, 빼- 닮아라	로마서 내 안의 복음 발전소
3권	성경파노라마 - 구약3 성경, 한눈에 쏘옥~	다니엘 나는 바이블 영재!	사도행전 글로벌 증인이 되어라
4권	성경파노라마 - 신약1 성경, 한눈에 쏘옥~	잠언 지혜가 최고야!	빌립보서 기쁨을 클릭하라
5권	성경파노라마 - 신약2 성경, 한눈에 쏘옥~	전도서 인생이 보인다!	요한계시록 인생승리, 폴더를 열어라

● 각 과는 10과 내외로 구성되어 있으며, 3년 과정으로 중고등부가 모두 사용할 수 있습니다. 각 교회 상황에 따라 순서에 상관없이 책을 자유롭게 선택하여 사용 가능합니다. 과정을 계속 이어가기를 원하면 〈아름다운 십대성경공부 시리즈〉(3년차)와 연관하여 사용할 수 있습니다.

틴~꿈 십대성경공부 교재의 구성

본 교재는 다음과 같은 단계로 구성되었습니다. 전체 단계를 잘 이해하고 활용하면 성경공부에 훨씬 효과적입니다.

■ 열린 마음

마음을 여는 단계입니다. 성경공부는 마음을 먼저 열지 않으면 말씀이 들어오지 않게 됩니다. 질문에 편안하게 답하도록 하되 무리하게 답을 끌어낼 필요는 없습니다. 질문을 통해 마음을 집중하는 데 그 의미가 있습니다.

■ 말씀 먹기

말씀 속으로 들어가는 단계입니다. 공부를 할 때, 본문을 먼저 읽고 나서 질문을 통하여 말씀 속으로 함께 들어가는 데 목표를 둡니다. 가능하면 본문을 지식적으로 이해하기보다는 전인적으로 이해하는 접근 방식이 필요합니다. 성경을 이야기 식으로, 글자가 아닌 사건으로 보도록 합니다. 그리고 생명의 말씀을 먹는다는 자세로 의미를 생각하며 질문에 대한 답을 해야 합니다. 그렇게 하면 점차 성경 속으로 들어가는 것을 경험할 것입니다.

일반 학교공부보다 차원이 높습니다. 이것을 터득하면 일반 공부는 쉽습니다(주제별로 구절을 공부하는 방식보다 본문을 통하여 성경지문을 공부하면, 전체 문맥을 이해하는 능력과 아울러 논술ㆍ논리ㆍ구술ㆍ토론 능력이 자동적으로 해결됩니다).

■ 되새김

되새김은 소가 먹은 음식을 다시 되씹는 과정과 같습니다. 말씀을 지식적으로 이해하는 것을 넘어 그 의미를 곱씹는 것입니다. 도움말을 통하여, 이미 알고 있던 말씀의 의미를 다시 한 번 깊게 생각하는 단계입니다. 처음에는 도움말 없이 질문에 대한 답을 스스로 찾아내도록 합니다. 단순히 단어나 구절을 외우는 것이 아닌, 의미를 곱씹어 생각하는 것이 중요합니다.

■ 생각해 보기

본문에서 특별히 생각해야 할 중심 주제를 생각해 보는 단계입니다. 즉, 머리에서 가슴으로 이르게 하는 단계입니다. 말씀을 실천으로 옮기기 위해서는 말씀을 깨닫는 일이 선행되어야 합니다. 가슴으로 깨닫는 것만이 실천에 이르게 됩니다. 이 단계에서 서로 의견을 나누고 토론을 하면 좋습니다. 한 사람의 일방적인 설명보다는 각자의 생각을 자유롭게 나눌 수 있도록 소그룹을 활성화합니다.

■ 삶의 적용

'되새김'과 '생각해 보기'를 통해서 얻어진 말씀을 내 삶에 적용하는 단계입니다. 단어나 구절을 그대로 실천하는 것은 율법적인 적용이 될 수 있습니다. 의미를 이해하고 그것을 내 삶에 알맞게 응용하면서 적용하는 것이 바람직합니다.

■ 실천 메시지

본문에서 생각할 수 있는 내용을 정리했습니다. 내용을 읽고 나서 자기의 생각을 나누어도 좋습니다. 실천 메시지를 통해서 한 가지라도 분명한 메시지를 가슴에 품고 적용하며 실천하는 시간입니다.

■ 사도행전 여행 지도 ■

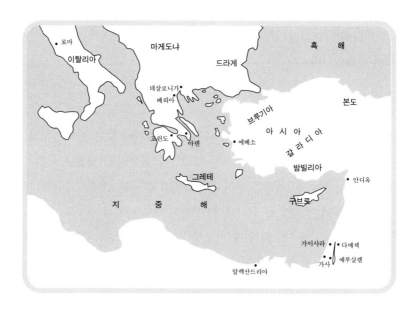

차례

머리말 _2

〈틴~꿈 십대성경공부 시리즈〉 교재의 특성 _4

〈틴~꿈 십대성경공부 시리즈〉 전체 양육과정표 _5

〈틴~꿈 십대성경공부 시리즈〉 교재의 구성 _6

사도행전 여행지도 _8

사도행전 한눈으로 보기 _10

1. 성령강림 _13

2. 성령 공동체 _19

3. 복음과 기적 _25

4. 핍박당하는 사도들 _31

5. 빌립의 전도 _36

6. 사울의 회심 _42

7. 최초의 팀 선교사(1차 선교여행) _48

8. 소아시아 선교(2차 선교여행) _55

9. 빌립보 감옥에서 생긴 일 _61

10. 에베소 전도(3차 선교여행) _67

11. 멜리데 섬에서의 치유사역(4차 선교여행) _74

12. 로마에서 바울 _80

글로벌 증인이 되어라

그리스도인은 예수님의 증인입니다. 예수님을 만난 그리스도인은 생활 속에서 당연히 그리스도인의 증인으로서 살아야 합니다. 이런 면에서 사도행전을 공부하는 것은 증인의 삶에 필수적입니다. 주님의 증인의 삶을 살았던 믿음의 선배와 초대교회를 살펴보면서 그 뒤를 따라가는 우리가 되어야 합니다.

저자는 누가복음을 기록한 누가입니다. 누가는 드로아에서 나중에 바울과 함께 사역한 의사였습니다(사도행전 16:8~10). 사도행전은 누가복음의 후편으로써 교회에 대한 기록입니다. 이라엘을 시작으로 복음이 전파된 경로를 역사적인 기록을 통하여 우리에게 알려주고 있습니다. 사도행전은 확장된 하나님나라의 이야기입니다. 교회를 통하여 이루는 하나님나라 건설에 대해 생동감 있게 기록되어 있습니다. 특히 교회와 하나님나라를 건설하는 주체는 사람이나 조직이 아닌 성령의 역사였음을 말하고 있습니다. 이런 면에서 사도행전을 성령행전이라고도 합니다. 사도행전의 기록 연대는 A.D 62년에서 2세기 중반으로 추정됩니다.

사도행전은 크게 네 가지로그 특징을 정리할 수 있습니다

첫째, 설교를 중심으로 한 기록방식입니다. 예를 들면 베드로의 설교

(2:14-39, 3:12-26, 10:34-43)와 스데반 설교(7:2-53)와 바울의 설교 (13:16-47, 17:22-31, 20:17-35) 등입니다. 이것은 다양한 배경 속에서 그리스도의 복음이 어떻게 전파되는지를 설명하고 있습니다. 이것은 그리스도에 대한 내용이 사도행전을 통해 계속하여 나타나고 있음을 의미합니다

둘째, 사도행전에 나타나는 이야기의 중요한 전환점에서 성령이 결정적 역할을 하고 있습니다. 이것은 저자 누가의 특별한 방식입니다. 전환점 마다 성령의 역할이 강조되고 있습니다. 그리스도가 다시 오실 때까지 성령의 역사가 계속 이어지게 됩니다.

셋째, 복음의 역동성과 확장성입니다. 복음은 하나님의 능력이며 하나님의 구원 행위는 유대인이나 이방인 모두에게 차별 없이 적용되며 무엇으로도 방해받을 수 없는 특징을 지니고 있습니다. 복음을 만나면 누구든지 놀랍게 변화되고 지역과 대상을 넘어 복음의 확장이 이루어지고 있습니다.

넷째, 복음의 반응에 대한 것입니다. 사도행전을 통하여 복음이 전파되는 과정을 보면 언제나 두 종류의 사람들이 등장합니다. 하나는 복음을 받아들이는 사람이며 또 하나는 복음을 거부하는 사람들입니다. 이야기가 진행될수록 이방인들은 복음을 잘 받아들이는 반면, 유대인과 예루살렘 지도자들은 복음을 거부하고 교회를 배척하는 특징을 보이고 있습니다. 이것을 통하여 궁극적으로는 이스라엘로 하여금 시기나게 함으로써, 이스라엘 구원과 역설적인 연관성을 가지고 있습니다.

주님은 우리가 땅끝까지 복음의 증인이 되기를 원하십니다. 이것이 주님이 우리에게 부탁하신 마지막 명령입니다. 우리의 모든 공부와 성공도 결국은 글로벌 증인이 되기 위해서입니다.

주님의 복음을 땅끝까지 전하면서 세상을 구원하는 일에 동참하는 청소년들이 되어야 할 것입니다.

01

성령강림

"저희가 다 성령의 충만함을 받고 성령의 말하게 하심을 따라 다른
방언으로 말하기를 시작하니라." (행 2: 4)

열린 마음

● 나는 성령 받은 사람입니까? 무엇으로 내가 성령 받은 사람임을 증명
  할 수 있습니까? 서로 생각을 나누어 보십시오.

_____

_____

말씀 먹기

● 사도행전 2:1-13을 읽고 다음 질문에 답해 보십시오.

  교회가 어떻게 시작되었으며, 교회를 이끄는 주체가 누구인가를 말
  해 주는 성령 강림 이야기는 교회를 세워 나가는 데 중요한 지침이
  됩니다. 교회는 세상의 단체를 세우는 것과는 다르게 전적으로 성령
  받은 사람들과 성령의 충만함 속에 나타난 은사와 그 역사에 의해 진
  행되는 모임입니다.

1 주님의 약속을 믿고 한곳에 모여 있을 때 성령이 임한 모습을 그려
  보십시오. (1-3)

_____

_____

● 오순절(pentecost- 숫자 50을 상징): 유월절이 지난 50일째 되는 날(레위기
  23:15-21)로, 그리스도의 죽으심의 상징(고전 5:7)하며 또한 그리스도의

부활을 상징(고전 15:20-23)합니다. 그리고 오순절은 성령강림을 상징(고전 12:13)합니다.

2 성령이 충만하니 모인 사람들에게 어떤 신비로운 역사가 일어났습니까? (4)

_____

_____

3 경건한 유대인들이 천하 각국에서 와서 모여 이런 성령의 역사를 보고 어떤 반응을 보였습니까? (5-8)

_____

_____

4 이때 모인 사람들은 어느 나라 사람들입니까? (9-11)

_____

_____

5 방언의 역사를 보고 반응한 다양한 모습들을 말해 보십시오. (12-13)

_____

_____

생각해 보기

● 구약에서 성령은 특별한 사람에게만 임했습니다. 그러나 신약에서는 한 자리에 모인 각 사람(모든 성도들)에게 임했습니다. 이것이 우리에게 주는 영적 교훈을 말해 보십시오.

💡 **Tip** 신약에서 나타난 성령강림은 구약과 다르게 모든 사람에게 임하는 하나님의 보편적인 역사입니다. 하나님의 은혜가 모든 이방인들에게도 동일하게 임하는 새로운 시대가 열렸습니다. 바벨탑 이후로 각국으로 흩어진 사람들이 다시 한곳으로 모여 성령을 받은 것은 모두가 하나 되는 놀라운 사건입니다. 성령강림은 이제 모두에게 복음이 열리는 중요한 선포적인 의미를 갖고 있습니다.

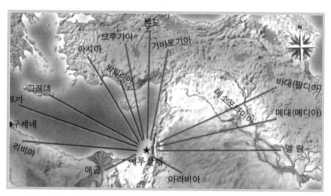

오순절날 예루살렘에 찾아온 사람들

 삶의 적용

1 나는 성령을 어떻게 받았습니까? 성령충만 받은 경험은 언제였습니까?

_____

_____

2 성령 받은 증거로 어떤 현상이 나타났는지 말해 보십시오. (예를 들면 방언, 전도, 봉사 등)

_____

_____

3 오늘 말씀을 통해 이번 주에 실천해야 사항은 무엇이며 삶의 적용을 위한 구체적인 실천 계획은 무엇인지 말해 보십시오.

_____

_____

성령님이 오셨습니다

성령님이 이 세상에 오신 것은 예수님을 증거하기 위해서입니다. 예수님을 믿게 하고 예수님으로 충만하기 위해서입니다. 그것을 도와주려고 오신 영이 성령입니다. 성령님은 예수님과 연관이 있습니다. 이런 면에서 성령은 그리스도의 영입니다. 누구든지 예수를 믿으면 그는 성령을 받은 것입니다. 예수 믿는 것과 성령 받는 것은 동시적인 사건입니다. 누구든지 성령이 아니고서는 예수님을 주라 시인하지 못합니다. 또한 성령을 받은 사람에게는 은사들이 나타납니다. 그것의 예가 방언입니다. 오순절 때 성령 역사로 나타난 현상 중 하나가 방언이었습니다. 방언은 성령 받으면 나타나는 은사 중 하나입니다. 그러나 방언을 받지 않으면 성령 받은 것이 아니라는 것은 잘못된 생각입니다. 은사는 다양합니다(고전 12:1-11). 하나님이 주시는 대로 받기에 선택권은 우리에게 있는 것이 아니라 하나님에게 있습니다.

사도행전에 나타난 오순절 방언은 지금 우리가 생각하는 방언과 차이가 있습니다. 지금 우리 교회에서 행하고 있는 대부분의 방언은 고린도 방언입니다. 즉 알아들을 수 없는 방언입니다. 그러나 오순절 방언은 알아들을 수 있는 각 나라 방언이었습니다. 그래서 그 방언을 통하여 각국에서 온 사람들이 자기 나라 말로 하나님의 큰일을 듣게 되었습니다. 즉 예수님의 십자가와 부활의 복음 이야기를 듣게 된 것입니다. 오순절 방언은 특별한 역사로, 보통 일어나는 흔한 사건은 아닙니다.

하나님의 일을 위해서 성령님이 주도적으로 나타난 이런 성령 사건으로 인해 사람들은 성령 강림을 확신하게 되었습니다. 오늘도 나에게 성령님이 계신 것을 믿습니까? 나에게 나타나는 성령의 열매들을 통해서 우리는 성령 받은 것을 확신할 수 있습니다.

02

성령 공동체

"저희가 사도의 가르침을 받아 서로 교제하며 떡을 떼며
기도하기를 전혀 힘쓰니라." (행 2:42)

 **열린 마음**

● 세상 사람과 비교하여 성령 받은 사람들의 달라진 모습을 말해 보십시오. 교회 모임과 세상 모임의 다른 점은 무엇입니까?

_____

_____

 말씀 먹기

● 사도행전 2:37-47을 읽고 다음 질문에 답해 보십시오.

교회의 주인은 예수 그리스도입니다. 예수 그리스도를 전파할 때 교회는 부흥합니다. 복음을 담대하게 전할 수 있게 하는 것은 성령의 역사입니다. 예수를 만난 베드로는 성령의 충만함을 입어 담대하게 예수님을 전했습니다. 그러자 놀라운 전도의 역사가 일어났습니다. 또한 성도들이 하나 되며 서로 나누는 삶의 변화가 일어났습니다.

1 모인 사람들이 베드로의 설교를 듣고 어떻게 반응했습니까? (37)

_____

_____

2 문제 해결을 몰라 고민하는 사람들에게 어떻게 해결책을 제시했습니까? (38)

3 성령의 약속은 어떤 특징을 가지고 있습니까? (39)

4 이때 베드로의 설교를 듣고 사람들이 구원 받을 당시의 시대 모습은 어떠했습니까? (40)

5 베드로의 설교를 듣고 사람들은 어떻게 행동했습니까? (41)

6 구원 받은 이후 초대교회 성도들의 삶을 말해 보십시오. (42-45)

7 초대교회 성장은 어떤 성장이었습니까? (46)

생각해 보기

● 성령 받은 공동체의 생활 모습은 세상의 모임과는 달라야 합니다. 교회와 그리스도인의 삶이 어떤 점에서 세상과 달라야 하는지 말해 보십시오.

💡 Tip 그리스도인과 교회는 세상의 사람들이나 모임들과는 다릅니다. 그래서 구별된 공동체로서 성도(聖徒)라고 말합니다. 외적으로는 같은 사람이지만 그리스도인은 세상 사람과 다른 사람입니다. 모임 역시 구별된 모임입니다. 그리스도인은 모든 면에서 달라야 합니다. 이런 정체성을 지키지 못하면 참된 그리스도인이라 볼 수 없습니다. 교회의 주인은 주님이십니다. 교회는 주인된 주님을 전파하며 그 안에서 서로 하나된 몸을 이루어야 합니다. 하루아침에 이루어지지 않아도 계속 이것을 이루어 세상에서 빛이 되어야 합니다.

 삶의 적용

1 나는 하나님의 말씀을 듣고서 마음에 찔려 회개해 본 적이 있습니까?
어떤 경우였습니까?

_____

_____

2 교회 생활에서 내가 가장 중요하게 생각해야 할 내용은 무엇입니까?
현재 나는 교회에서 어떤 일을 감당하고 있습니까?

_____

_____

초대교회의 세례터

성령이 만드는 역사

성령 받은 사람과 교회에는 놀라운 일이 생깁니다. 예를 들면 자신의 죄 악된 모습을 회개하고 주님을 믿게 됩니다. 그리고 인생이 주님 중심으로 완전히 변화됩니다. 교회 공동체는 주님을 중심으로 모이고 서로 나누고 하나 되는 한몸된 모습을 이루게 됩니다. 자기 소유를 팔아 가난한 사람들 에게 나누어 주게 됩니다. 제 것을 제 것이라고 하지 않고 함께 공유하면서 사랑을 나누는 공동체가 됩니다.

이런 모임은 세상에서 찾기 어려운, 가족 이상의 모습입니다. 이기적인 욕심을 가진 인간들이 모인 곳에서 이런 모습이 나타난다는 것은 불가능한 일입니다. 그럼에도 교회 속에서 이런 상상치 못한 일들이 나타나는 것은 인간의 힘이 아닌 성령의 역사입니다.

지금도 성령이 역사하시면 우리들의 모임과 가정이 이렇게 달라질 수 있 습니다. 교회도 이런 모습으로 성장하게 됩니다. 그렇게 되면 세상 사람들 이 그리스도인과 교회를 함부로 하지 못하고 부러워하게 될 것입니다. 물 론 전도는 자연스럽게 이루어지고 교회에 오고 싶어 하며, 그런 공동체에 참여하고 싶어 할 것입니다.

우리가 속해 있는 모임과 공동체를 이런 천국과도 같은 모습으로 만들면 어떨까요? 지금도 성령에 충만하면 이런 모습은 충분히 가능합니다.

복음과 기적

"베드로가 가로되 은과 금은 내게 없거니와 내게 있는 것으로 네게 주노니
곧 나사렛 예수 그리스도 이름으로 걸으라." (행 3:6)

 열린 마음

- "이 세상에 정말 기적이 일어날 수 있는가? 왜 사람들은 기적을 잘 믿지 않는가?"에 대해서 생각을 나누어 보세요.

말씀 먹기

- 사도행전 3:1-10을 읽고 다음 질문에 답해 보십시오.

  사도행전 3장-4장은 예루살렘 초기교회의 모습을 보여줍니다. 베드로의 치유기적 사건은 앞으로 교회를 세우는 데 큰 역할을 합니다. 이것 때문에 베드로는 설교를 하고 또한 어려움도 당하게 됩니다.

1 베드로와 요한은 성전에 왜 올라갔습니까? (1) (유대인과 초대교인들은 하루에 세 번 기도 시간을 정하여 기도하는 습관을 가지고 있었다. 3시(오전 9시), 6시(정오), 9시(오후 3시))

2 앉은뱅이 된 자들을 사람들이 메고 와서 성전에 두는 이유는 무엇입니까? (2) (미문: 성전의 동문을 가리킨다. 구리와 금과 은으로 만들어졌기 때문에 미문(美門)이라 한다.)

3 베드로와 요한이 성전에 들어가려고 할 때 앉은뱅이는 어떻게 했습니까? (3)

4 베드로와 요한이 구걸을 하는 그에게 주목해 '보라' 할 때 그는 어떤 목적으로 바라보았습니까? (4-5)

5 베드로가 앉은뱅이에게 준 것은 무엇이며, 그리스도의 이름을 준다는 것은 구체적으로 무엇을 의미하는지 본문의 내용을 통하여 정리해 보십시오. (6)

6 앉은뱅이는 어떻게 해서 일어서게 되었는지 그 과정을 말해 보십시오. (7-8)

7 육신의 고침을 받은 앉은뱅이는 삶이 어떻게 변화되었습니까? (8-9)

생각해 보기

● 앉은뱅이는 잃어버린 죄인들을 상징합니다. 다음의 모습을 통하여 죄
인들의 모습을 말해 보십시오.

―절름발이로 태어남

―혼자 걸을 수 없음

―성전 밖에 있음

28

—육신적인 만족을 위해 구걸함

💡 **Tip** 예수님이 없는 사람은 모든 것을 가지고 있으나 아무것도 없는 사람과 같습니다. 마치 영혼 없는 동물과 같은 삶을 살아갑니다. 영생 없는 일시적인 삶을 살아갑니다. 아무리 많은 것을 한들 잠시 있다 사라지는 불쏘시개와 같은 삶입니다. 그러나 예수님을 만나면 모든 것이 새롭게 회복됩니다. 예수 생명이 들어옴으로써 죽었던 모든 것이 다시 소생하게 되고 영원히 살게 됩니다.

 ## 삶의 적용

1 나에게 정말 필요한 것이 예수님이라고 생각합니까? 그 이유는 무엇입니까?

---

2 예수님의 능력으로 병 고침을 받은 것에 대한 나의 생각은 무엇입니까? 그런 체험이 있었다면 이야기해 보십시오.

---

3 오늘 말씀을 통해 이번 주에 실천해야 사항은 무엇이며 삶의 적용을 위한 구체적인 실천 계획은 무엇인지 말해 보십시오.

기적의 주인공이 되라

베드로가 행한 앉은뱅이가 일어나는 기적은 이미 구약의 선지자를 통해 약속된 것이었습니다. 아울러 이런 일은 성령의 역사이기도 했습니다. 그리스도를 영접하면 누구든지 (성령이 임할 때) 이와 같은 기적을 일으키는 도구가 될 수 있습니다. 베드로에게 있었던 것은 오직 하나, 예수님입니다. 베드로가 능력 있는 것이 아니라 예수님이 능력 있습니다.

오늘 그리스도인들은 모두 예수님을 소유한 대단한 존재입니다. 문제는 그리스도가 있음에도 그것을 믿지 못하고 예수님을 의지하지 않는 데 있습니다.

왜 예수의 이름이 기적을 일으키는가? 그것은 예수님이 곧 하나님이시기 때문입니다. 하나님은 이 세상을 만드신 분입니다. 그러므로 모든 것을 다시 창조하실 수 있습니다. 죽은 것을 살릴 수 있고 병든 것을 고칠 수 있습니다. 그것은 예수님이 곧 하나님이시기에 가능합니다.

우리도 베드로처럼 예수님의 능력을 믿는다면 담대하게 선포해야 합니다. "은과 금은 없거니와 내게 있는 것으로 네게 주노니 나사렛 이름으로 일어나 걸으라." 주님의 생기가 임하면 어느 곳에서든지 새롭게 다시 일어설 수 있습니다. 청소년 시절에 이런 주님의 능력을 사용하는 체험을 갖는다면 그는 위대한 삶을 살 수 있습니다.

기적은 지금도 일어납니다. 내가 있는 곳이, 사람은 할 수 없지만 하나님이 함께하시는 그곳이, 기적의 장소가 될 수 있습니다.

04

핍박당하는
사도들

"베드로와 사도들이 대답하여 가로되 사람 보다 하나님을
순종하는 것이 마땅하니라." (행 5:29)

열린 마음

● 왜 선은 악에게 핍박과 고난을 당해야 한다고 보십니까? 선이 결국은
승리하는 것을 알면서도 사람들이 악을 행하는 이유는 어디에 있다고
보십니까?

_____

_____

말씀 먹기

● 사도행전 5:17-32을 읽고 다음 질문에 답해 보십시오.

진리를 막는 것은 거짓입니다. 빛을 싫어하는 어둠은 여전히 존재합
니다. 그러나 어둠이 짙을수록 빛은 더욱 빛나게 됩니다. 거짓이 판
을 칠수록 진리는 더욱 강해집니다. 세상은 진리와 비진리의 싸움입
니다. 복음에도 언제나 핍박이 뒤따릅니다. 사도들의 복음의 능력이
일어날수록 유대인들의 핍박은 심하게 다가왔습니다. 사도들에게
닥치는 고난은 필연적인 것입니다.

1 교회의 놀라운 부흥과 사도들의 기사와 이적의 역사를 보면서 교회
밖에서 시기하는 무리들이 있었는데 그들은 누구였으며, 어떤 모습으
로 방해를 했습니까? (17-18)

_____

_____

2 사도들이 옥에 갇히자 하나님은 그들을 옥에서 끌어내셨는데 그 이유
는 무엇입니까? (19-20)

_____

_____

3 대제사장들은 성전에서 백성들을 담대하게 가르치는 사도들을 다시
잡아서 어떻게 위협했습니까? (21-28)

_____

_____

4 베드로와 사도들은 복음을 가르치지 말라는 위협을 받고 어떻게 말했
습니까? (29-32)

_____

_____

🌸 생각해 보기

● 사도들은 극심한 고난과 박해와 죽음의 위험을 당하면서도 변함없이
복음 전하는 것에 대한 소신을 굽히지 않았고 오히려 그 고난당함을
즐거워하며 복음 전하는 것에 더욱 열심을 내었습니다. 사도들에게
이렇게 담대한 사도로서의 사명을 감당하게 한 중요한 요인은 무엇
입니까?

_____

_____

💡 **Tip** 사도들이 담대하게 복음을 전할 수 있었던 이유는 가장 중요한 복음을 가지고 있었기 때문입니다. 복음은 예수 그리스도입니다. 사람을 만드시고 우주를 주장하고 섭리하시는 그분이 자기 안에 있는 한 사도들은 두려울 것이 없었습니다. 그리고 그 소중한 예수님을 전하는 것은 너무나 당연한 것입니다. 아무리 어려운 고난과 핍박이 다가오더라도 그것을 개의치 않게 됩니다.

 ## 삶의 적용

1 나는 믿음과 복음 때문에 어려움을 당해 본 적이 있습니까?

_____

_____

2 세상이 그리스도인과 교회를 비난하는 것에 대해 우리는 어떻게 대처해야 할까요?

_____

_____

3 오늘 말씀을 통해 이번 주에 실천해야 사항은 무엇이며 삶의 적용을 위한 구체적인 실천 계획은 무엇인지 말해 보십시오.

_____

_____

비록 핍박을 당해도……

왜 사람들은 진실한 것을 싫어하는 걸까요? 그것은 자신이 거짓이기 때문입니다. 자기의 욕심이 강하면 강할수록 진리를 무서워하고 그것을 파괴하려고 합니다.

드라마나 연속극을 보면 악한 사람들이 나옵니다. 그들은 선한 사람을 죽이고 고통을 주면서 승리를 누리려고 하지만 결국은 실패하는 것을 봅니다. 참된 진리를 안다면 아무리 힘이 들어도 자유하게 됩니다. 고난을 힘들어하지 않고 그럴수록 더욱 진리의 길을 가게 됩니다. 사도들이 강력한 핍박에도 굴하지 않고 끝까지 복음을 전하면서 교회를 세워 나간 것은 진리에 대한 열정 때문입니다. 그것이 그들을 강하게 만들었고 순교를 마다하지 않게 만들었습니다.

오늘 우리도 진리에 불타올라야 합니다. 진리의 터인 교회는 핍박을 통해 성장했고 자라왔습니다. 오히려 핍박을 당할수록 교회는 더욱 발전해 갔습니다. 그것은 진리가 결국 승리한다는 것을 보여주는 한 예입니다.

청소년들이 공부하고 인생을 준비하는 것도 알고 보면 진리 때문입니다. 진리를 전하고 진리대로 살아가기 위해서입니다. 잘 먹고사는 것만으로는 큰 의미가 없습니다. 그 이상의 의미가 인간에게는 있어야 합니다. 그것은 진실한 것을 전하고 그것을 세상에 펼쳐나가는 일입니다. 그것이 곧 예수 그리스도입니다. 어떤 사람들은 자기가 진리라고 말합니다. 그리고 세상에는 진리가 많이 있는 것처럼 보입니다. 그러나 참 진리는 예수 그리스도 한 분밖에 없습니다.

오늘도 그분을 마음에 품고 그분을 위한 삶을 살아간다면 가장 행복한 인생이 될 것입니다.

05

빌립의 전도

"대답하되 지도하는 사람이 없으니 어찌 깨달을 수 있느뇨 하고 빌립을 청하여
병거에 올라 같이 앉으라 하니라." (행 8:31)

 열린 마음

● 전도란 무엇인지 말해 보십시오. 또 어떻게 전도를 할 수 있는지, 효과적인 방법을 각자 말해 보십시오.

 말씀 먹기

● 사도행전 8:26-40을 읽고 다음 질문에 답해 보십시오.

본문은 복음이 이제 예루살렘을 넘어 유대와 사마리아 지역 그리고 이방으로 확장해 가는 시작 과정을 그리고 있습니다. 빌립이 이디오피아 내시에게 복음을 전하는 과정은 복음이 어떻게 이방으로 확장해 가는가를 잘 보여주는 대목입니다. 본문은 한 명의 준비된 사람인 빌립을 통해서 복음이 전파되는 이야기를 그리고 있습니다.

1 빌립은 누구의 지시를 받고 어디로 갔습니까? (26)

---

2 광야 길에서 누구를 만났으며 그때 그는 무엇을 하고 있었습니까?
(27-28)

3 빌립이 내시에게 가서 복음을 전하는 과정을 말해 보십시오. (29-36)

—전도의 주체

―――――――――――――――――――
―――――――――――――――――――

—전도의 준비

―――――――――――――――――――
―――――――――――――――――――

—전도의 도구

―――――――――――――――――――
―――――――――――――――――――

—전도의 내용

―――――――――――――――――――
―――――――――――――――――――

－전도의 결실

_____

_____

4 내시에게 세례를 준 후에 빌립은 어떻게 되었습니까? (38-39)

_____

_____

5 빌립은 어떤 삶을 살았습니까? (40)

_____

_____

생각해 보기

● 전도는 준비된 전도자와 준비된 한 영혼과의 만남입니다. 이런 만남은 구체적으로 영혼 전도의 결과로 이어지는데 이것을 통해 발견되는 전도에 대한 교훈과 도전을 말해 보십시오. (참고. 요 5:24, 딤후 4:1-5)

_____

_____

💡 Tip 전도는 말 이상입니다. 가장큰 전도는 자신이 곧 메시지 일때입니다. 말씀이 육신이 되어 오신 예수님처럼 내자신의 삶이 예수님을 드러내면 최고의 전도입니다.

![삶의 적용 아이콘] 삶의 적용

1 모든 그리스도인은 개인 전도에 익숙해야 합니다. 우리가 갖추어야
  할 개인 전도의 훈련과 자질을 말해 보십시오.

2 개인 전도는 말씀을 뿌리고 그리스도를 높이는 것입니다. 말씀은 전
  도에 대단히 중요한 능력의 원천입니다. 나는 전도를 위해서 어떻게
  말씀 준비를 해야 하는지 말해 보십시오.

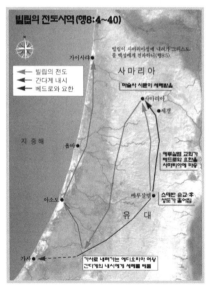

빌립의 전도지역

도(道:말씀)를 준비하라

전도는 그리스도를 전하는 것입니다. 그리스도는 성경에 있습니다. 전도는 이름을 전하는 것에서 그치는 게 아니라 그분의 인격과 삶을 전하는 것입니다. 따라서 말씀을 잘 알아야 합니다. 그래야 그리스도를 잘 전할 수 있습니다. 전도를 잘 하기 위해서는 먼저 말씀을 통해 주님을 만나야 합니다. 그리고 주님의 심장을 가져야 합니다. 주님의 생각과 마음과 삶을 나의 것으로 삼고 그것이 자연스럽게 삶으로 전해진다면 이보다 강력한 전도는 없습니다.

빌립은 말씀으로 충분히 준비된 사람이었습니다. 이디오피아 내시가 성경을 읽으면서 의문을 품자 빌립은 그 내용을 해석해서 그리스도를 전했습니다. 만약 빌립이 미리 준비가 안 되어 있었다면 내시의 질문에 답을 하지 못했을 것입니다. 물론 이 모든 일에는 성령이 인도하심이 있었지만 하나님은 말씀으로 준비된 사람에게 역사하십니다. 성령은 진리의 영입니다. 진리를 사모하고 말씀을 품은 사람에게 성령은 역사하십니다.

청소년들에게 필요한 것은 말씀입니다. 그것은 말씀이 인생을 이끌어 가는 진리이기 때문입니다.

진리에 사로잡힐 때 우리는 진리를 전하게 됩니다. 답답하여 견딜 수 없어서 복음을 전하는 사람이 됩니다. 때가 왔을 때 하나님의 도구로 쓰임받는다는 것은 얼마나 행복한 일입니까? 평소에 말씀으로 준비하십시오. 그러면 하나님의 도구로 크게 사용될 날이 꼭 있을 것입니다.

06

사울의 회심

"땅에 엎드러져 들으매 소리 있어 가라사대 사울아 사울아 네가 어찌하여
나를 핍박하느냐 하시거늘 대답하되 주여 뉘시오니이까 가라사대
나는 네가 핍박하는 예수라." (행 9:4-5)

🌸 열린 마음

● 내 주위에서 삶이 변화되어 새로운 인생을 사는 사람을 찾아보십시오. 그들이 어떻게 변화되었는지 그 과정도 이야기해 보십시오.

_____

_____

🌸 말씀 먹기

● 사도행전 9:1- 19을 읽고 다음 질문에 답해 보십시오.

이방 선교가 본격적으로 뻗어나가는 데 주체로 사용된 사람은 바울입니다. 본문은 바울의 회심 장면입니다. 하나님은 교회와 그리스도인을 핍박하는 사울을 회심시켜서 사도로 삼고 결국은 이방 선교의 핵심 인물로 사용하십니다. 그는 로마시민권을 가진 사람으로서 이방 선교에 사용하기에 합당한 배경을 가지고 있는 사람입니다.

1 사울은 다메섹 여러 회당에 갈 공문을 청했는데 그것은 무엇 때문이었습니까? (1–2)

_____

_____

2 사울은 다메섹 가까이 가는 중에 어떤 일을 체험했습니까? (3–8)

3 사람들의 손에 이끌려 다메섹으로 간 사울은 그 이후 시간을 어떻게 보냈습니까? (9)

4 하나님은 다메섹에 있는 아나니아 선지자를 불러서 어떤 사명을 주셨습니까? (10-11)

5 그때 사울은 무엇을 하고 있었으며 그는 기도 중에 무엇을 보았다고 고백하고 있습니까? (11-12)

6 아나니아가 주님께 의문을 제기한 내용을 말해 보십시오. (13-14)

7 하나님이 이런 사울을 특별히 택한 이유는 무엇입니까? (15–16)

 생각해 보기

● 하나님과의 만남은 모든 것을 변화시킵니다. 사울을 한순간에 굴복시 키며 회심시키는 하나님의 방법을 보고 특별히 느낀 점을 말해 보십 시오.

💡 **Tip** 하나님 앞에서는 누구라도 굴복할 수밖에 없습니다. 아무리 강퍅한 사람이 라도 하나님을 만나면 그 앞에 엎드러지게 됩니다. 하나님은 자신이 선택한 사람은 어떤 방법을 사용해서라도 굴복시켜 하나님의 종으로 만듭니다. 하나님은 그리스도 인을 핍박하는 데 열정을 가졌던 사울을 변화시켜 중요한 시기에 위대한 전도자로 삼아 이방 선교의 새로운 역사를 썼습니다. 자기 중심에서 하나님 중심으로 바뀐 사 울은 우리가 바라보아야 할 표상입니다.

다메섹 성

 삶의 적용

1 나는 언제 주님을 만났습니까? 그 이후의 회심에 대해서도 말해 보십시오.

_____

_____

2 하나님의 부름은 전적으로 하나님의 주도에 의하여 이루어집니다. 왜 하나님이 나를 선택했다고 보는지 말해 보십시오. 나의 사명은 무엇이라고 생각합니까?

_____

_____

3 주님을 만난 후 사울은 이전과 전혀 다르게 변화되었는데 나는 주님을 만난 후 무엇이 변화되었다고 생각하는지 말해 보십시오.

_____

_____

왜 사람이 변화가 안 될까?

사람들이 늘 고민하는 것은 "왜 나는 변화가 잘 안 될까?" 입니다. 부모가 자녀에게 바라는 바는 "저 아이는 언제 변화가 될까?" 이고, 선생님이 학생들에게 바라는 것도 역시 학생들의 변화입니다. 변화는 내가 노력한다고 되는 것이 아닙니다. 오히려 그 변화가 나를 더 힘들게 하고 다른 사람을 힘들게 할 수 있습니다.

자기 스스로 변화를 일으킬 수는 없습니다. 세간에서 자기계발을 말하는 사람들은 자기가 스스로 변화될 수 있다고 말합니다. 그러나 그렇지 않습니다. 어느 정도 변화는 있겠지만 근본적인 변화는 일어나지 않습니다. 여전히 자기 중심적인 것은 변하지 않습니다. 진정한 변화는 자기가 죽는 것입니다. 그렇지 않고는 결코 나에게 변화는 없습니다. 나를 죽이는 방법은 오직 하나입니다. 예수님을 만나는 것입니다. 나보다 크신 분을 만날 때 드디어 변화가 됩니다. 세상의 위대한 사람을 만나면 어느 정도 변화가 되지만 하나님을 만나는 것처럼 근본적인 변화는 일어나지 않습니다.

그리스도인을 핍박하며 죽이려 했던 사울이 변화된 것은 가장 위대한 분을 만났기 때문입니다. 자기의 수행이나 노력으로는 근본적인 변화가 일어나지 않습니다. 주님을 만날 때 변화가 일어납니다.

나는 진정 주님을 만났습니까? 그로 인해 나는 죽고 그분은 사는 것이 되었습니까? 더 분명하게 주님의 능력을 느끼십시오. 더 확실하게 주님의 인격을 경험해 보십시오. 그러면 나에게도 놀라운 변화가 일어날 것입니다.

07

최초의 팀 선교사
(1차 선교여행)

"주를 섬겨 금식할 때에 성령이 가라사대 내가 불러 시키는 일을 위하여
바나바와 바울을 따로 세우라." (행 13:2)

 **열린 마음**

● 나의 가장 친한 친구가 누구인지 말해 보십시오. 어떤 점에서 친한 친
  구인지 이야기 해보십시오.

_____

_____

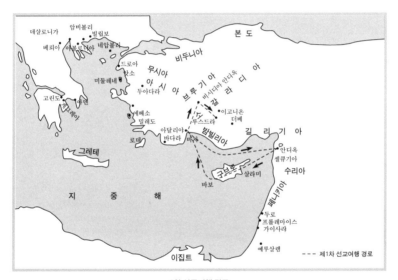

1차 선교여행 경로

 **말씀 먹기**

● 사도행전 13:1-12을 읽고 다음 질문에 답해 보십시오.

  본문에서는 바울의 1차 선교여행이 시작됩니다. 사도 바울을 주축으
  로 전도 사역이 전개됩니다. 이 사역은 무엇보다도 첫 이방인 교회인

안디옥 교회가 선교사를 파송하여 세계를 향한 복음전파의 물고를 텄다는 점에서 중요합니다. 특히 바울과 바나바는 복음을 확장하는 데 결정적인 기여를 하게 됩니다. 특히 혼자가 아닌 팀으로 전도를 한 것은 오늘 우리가 어떻게 동역을 해야 하는지 그 방법을 잘 말해 줍니다.

1 안디옥 교회에 선지자들과 교사들이 있었는데 그들의 이름을 말해 보 십시오. (1)

_____

_____

2 이들이 금식하며 기도하고 선교사를 파송하는데 그들은 누구입니까? (2-3)

_____

_____

3 파송받은 사울과 바나바가 성령의 보내심을 받아 복음을 전한 경로를 말해 보십시오. (4-6)

_____

_____

4 살라미에서 누가 복음 사역을 도왔습니까? (5)

5 바보 섬에서 만난 사람은 누구입니까? 총독 서기오 바울이 행한 지혜로운 일은 무엇입니까? (7)

6 총독이 개종하는 것을 막으려고 방해한 사람은 누구이며, 바울(최초로 바울의 이름이 나옴)은 그를 어떻게 책망했으며, 그 대가로 어떤 능력을 행했습니까? (8-11)

7 이 일을 보고 총독은 어떻게 되었습니까? (12)

🌸 생각해 보기

1 바울이 구브로(키프로스)에서 엘루마라고 하는 거짓 선지자인 마술사에게 행한 하나님의 표적과 영적 승리가 바울의 선교에 주는 영적 의미는 무엇입니까?

_____

_____

💡 **Tip** 바울에게 첫 번째 나타난 표적은 바울의 복음 전파에 큰 힘을 주었을 것입니다. 그것은 하나님이 함께한다는 것을 보여주는 것이고, 바울의 선교사역에 성령의 임재를 확인하는 사건으로서 중요한 의미가 있습니다. 표적 자체보다는 그것을 통해 우리와 함께하시는 하나님을 경험하는 것이 중요합니다.

2 동사 사역(팀)과 하나님의 선교와는 어떤 관계성이 있습니까? 복음 사역에 있어서 왜 혼자보다 둘(팀)이 효과적입니까?

_____

_____

💡 **Tip** 하나님의 일은 혼자보다는 팀이 좋습니다. 함께 하는 일은 하나님께 영광을 돌릴 수 있는 기회가 많습니다. 자연스럽게 하나님을 드러내는 것이 되므로 혼자 하기보다는 가능한 팀으로 동역자와 같이 하는 것이 좋습니다. 서로 돕고 의지하는 면에서도 더 강한 시너지 효과를 올릴 수 있습니다.

삶의 적용

1 하나님의 일을 함께 하는 친구가 있습니까? 없다면 지금 동역자를 달라고 기도하는 시간을 가지십시오.

2 내가 복음 전파할 곳은 어디입니까? 학교와 친구와 이웃 속에서 찾아보십시오.

바울과 바나바를 선교사로 보낸 수리아 안디옥 동굴교회 주변

전도는 성령과 팀이다

전도와 선교의 주체는 사람이 아닌 성령님이십니다. 전도는 사람이 하는 것이 아닌 성령님이 하는 것입니다. 이것을 알지 못할 때 시험에 들고 중간에 포기하게 됩니다. 전도는 전적으로 성령님의 인도하심을 따라 하는 하나님의 일입니다. 바울과 바나바 즉 두 사람이 성령의 보내심을 받아 구브로 섬으로 선교를 떠났습니다. 구브로 섬은 바나바의 고향입니다. 처음 선교지역은 바나바에게 익숙한 곳이었습니다. 그리고 거기서 하나님의 능력을 경험합니다. 박수가 소경이 되는 체험을 합니다. 모두가 성령님이 역사하신 일입니다.

전도의 현장은 성령의 역사를 경험하는 최적의 장소입니다. 특히 전도하는 현장에 나가면 하나님이 함께하시는 것을 경험할 수 있습니다. 전도는 성령의 일입니다. 그러므로 성령의 역사도 많이 일어납니다. 학교에서나 친구들에게 전도하는 것은 청소년들이 감당해야 하는 가장 좋은 선교입니다. 많은 어려움이 있지만 그들에게 전도를 해서 주님에게 인도하는 일은 정말 아름다운 일입니다. 가만히 앉아서 능력을 경험할 수는 없습니다. 전도하는 자리에서 성령의 역사는 일어납니다.

십대여, 지금 일어나서 주변을 둘러보십시오. 그리고 그들에게 복음을 전하십시오. 그러면 당신도 하나님의 능력을 경험하고 체험할 수 있습니다. 바울과 바나바처럼…… 가능한 전도 동역자와 같이 하면 더욱 좋을 것입니다. 성령님이 우리와 동역하심을 믿고서…….

08

소아시아 선교
(2차 선교여행)

"이에 여러 교회가 믿음이 더 굳어지고 수가 날마다 더하니라." (행 16:5)

 열린 마음

● 나의 인생길은 어떤 것이며 인생의 최종 목표는 어디입니까? 각자 나
  누어 보십시오.

_____

_____

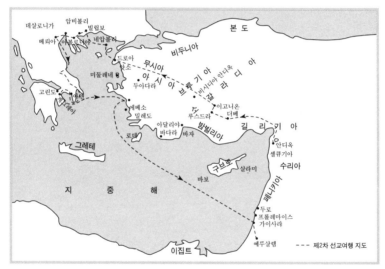

2차 선교여행 경로

 말씀 먹기

● 사도행전 16:1-10을 읽고 다음 질문에 답해 보십시오.

본 장부터 바울의 2차 선교여행 기록이 나옵니다. 3년에 걸친 3차 선
교여행에서 바울은 디모데를 만나 제자로 삼습니다. 2차 선교여행은

소아시아 선교로서, 육로로 더베와 루스드라와 드로아에 이르게 됩니다. 이들은 앞서 1차 선교여행 때 선교한 곳으로, 바울은 이들 교회를 다시 순방하면서 믿음을 굳게 하는 일을 합니다.

1 바울이 더베와 루스드라에서 만난 사람은 누구인지 그에 대해 말해 보십시오. (1-2)

_____

_____

2 바울은 디모데에게 무엇을 행하게 했으며 그 이유는 무엇입니까? (3-4)

_____

_____

3 이때 바울이 세운 교회에서 일어난 상황은 무엇입니까? (5)

_____

_____

4 성령께서 바울의 선교 방향을 수정해 주고 있는데, 그 구체적인 내용을 말해 보십시오. (6-10)

_____

_____

5 바울이 아시아로 가지 않고 마게도냐로 선교의 방향을 바꾼 여정을 지도를 따라 정리해 보십시오. (6-10)

_____

_____

 생각해 보기

● 복음 사역은 인간이 하는 것이 아니라 성령이 인도하는 대로 해야 합니다. 마게도냐는 유럽 선교의 첫 관문입니다. 성령이 아시아가 아닌 유럽으로 선교의 방향을 바꾸게 한 것을 통해 발견되는 영적 교훈을 말해 보십시오.

_____

_____

💡 Tip 바울은 아시아에 선교하기를 원했습니다. 그러나 성령님은 유럽 지역으로 가기를 원했습니다. 그래서 드로아에서 환상을 보여주시고 방향을 바꾸어 유럽을 선교하게 했습니다. 전도는 전적으로 성령의 인도하심을 따라 해야 합니다. 인생도 마찬가지입니다. 하나님의 인도하심으로 살아가야 합니다. 내가 선택한 인생이 아닌 하나님이 정하신 그 길을 가는 것이 되어야 합니다.

 삶의 적용

1 하나님의 일을 하는데 친구(동역자)는 절대적으로 필요합니다. 어떤 동역자를 원하는지 하나님이 원하시는 동역자의 조건을 말해 보십시오.

_____

_____

2 인생을 살아가면서 성령님의 인도하심을 받은 적이 있습니까? 있다면 언제 어떻게 받았는지 말해 보십시오.

_____

_____

마게도냐의 네압폴리스 전경

인생의 나침반

사람의 인생에서 십대는 가치관을 정하는 시기입니다. 그러나 그것이 그렇게 쉽지는 않습니다. 빨리 인생의 목표가 정해졌으면 하지만, 그것이 인간의 마음대로 되는 것은 아닙니다. 빨리 정하느냐가 중요한 것도 아닙니다. 하나님이 정해준 그 길을 가는 것이 더 중요합니다. 조금 늦게 간다 해도 하나님이 정해 주신 그 길을 찾아 그 길에 순종하는 것이 의미가 있습니다. 내가 정한 길이 아닌 하나님이 정해 준 길을 가야 합니다.

그러기 위해서는 성령의 인도하심에 민감해야 합니다. 하나님에 대해서 늘 깨어 있어야 합니다. 그렇지 않으면 하나님의 음성을 듣기가 쉽지 않습니다. 내 길을 가는 것이 아닌 하나님의 길을 간다는 생각으로 내게 주어진 일에 충실한다면 하나님은 우리를 선한 길로 인도하실 것입니다

인생의 나침반은 나의 생각이나 주변의 유행이 아닙니다. 세상의 사조가 아닙니다.

참된 인생의 나침반은 하나님이십니다. 그런 면에서 십대 때 하나님을 만나고 하나님 안에서 인생의 길을 발견하는 것은 대단한 축복입니다. 사랑하는 십대여, 이것을 놓고 기도하십시오. 나의 길이 아니라 주님의 길을 달려가는 십대가 되어야 할 것입니다. 주님에게 집중하면 주님이 나의 인생길을 인도하실 것입니다.

09

빌립보 감옥에서
생긴 일

"주 예수를 믿으라 그리하면 너와 네 집이 구원을 얻으리라." (행 16:31)

 **열린 마음**

● 나는 하나님의 일을 하다가 어려운 일을 당한 적이 있나요? 왜 하나님의 선한 일을 하는데 어려움이 생긴다고 보는지 그 이유를 말해 보십시오.

_____

_____

 말씀 먹기

● 사도행전 16:24-40 을 읽고 다음 질문에 답해 보십시오.

유럽 지역을 방문한 바울은 빌립보에 이르게 됩니다. 그리고 감옥에 갇히게 됩니다. 그러나 하나님이 늘 바울과 함께하심으로 그곳에서도 기적적으로 구원을 받습니다. 전도자는 하나님의 일을 하는 사람이므로 하나님이 도와주십니다. 본문을 통해서 우리는 임마누엘의 하나님을 발견하게 됩니다.

1 바울과 실라는 어떻게 감옥에 갇혔으며 감옥에서 무엇을 했습니까?
(24-25)

_____

_____

2 감옥에서 일어난 기적 사건의 상황을 그림언어로 말해 보십시오.

(26–30)

_____

_____

3 간수에게 전한 복음을 말해 보십시오. (31)

_____

_____

4 복음을 들은 간수는 어떻게 반응했으며 어떻게 변화되었습니까? (32-34)

_____

_____

5 날이 샌 후에 달라진 상황을 이야기해 보십시오. (35- 37)

_____

_____

6 아전의 상관들이 두려워하며 바울에게 성을 떠날 것을 요청한 이유는 무엇입니까? (38-40)

_____

_____

생각해 보기

● 바울은 부딪히는 다양한 상황들을 모두 전도의 기회로 삼고 복음을 전했습니다. 옥문이 열렸음에도 도망하지 않고 그대로 있었던 때의 바울과 실라의 생각은 무엇이었을지 말해 보십시오. 아울러 복음을 듣고 달라진 간수의 삶의 모습을 통해 발견되는 복음의 능력을 말해 보십시오.

💡 **Tip** 복음은 언제 어디서 나타날지 모릅니다. 사람의 생각과 다릅니다. 사람의 생각으로는 불가능한 상황이 오히려 복음이 나타나는 최적의 기회일 수 있습니다. 복음전파는 사람이 하는 것이 아니라 하나님이 하시는 일이기 때문입니다. 하나님은 언제 어디서든 일하실 수 있습니다. 그것을 믿고 어떤 경우에도 포기하지 말고 주어진 일에 최선을 다하는 것이 중요합니다.

빌립보 감옥

삶의 적용

1 복음을 전하고 하나님을 위한 삶을 산다는 것은 그렇게 쉬운 일이 아 닙니다. 고난이 닥칠 수 있습니다. 하나님의 일을 하다가 닥치는 고난 에 대한 나의 자세를 말해 보십시오.

_____

_____

2 나의 전도 현장은 어디입니까? 생각지 않는 데서 전도가 된 경우가 있었다면 말해 보십시오.

_____

_____

3 오늘 말씀에서 깨달음과 도전을 주는 말씀은 무엇입니까?

_____

_____

모든 곳이 전도의 현장이다

바울은 전도하다가 애매하게 감옥에 갇히게 됩니다. 그러나 그곳이 오히려 전도의 현장이 되어 간수를 구원하는 일이 일어납니다. 전도는 사람이 생각지 않은 현장에서 일어납니다. 인간적으로 보면 감옥에 잘못 들어간 것 같지만 하나님의 편에서는 한 사람을 구원하기 위한 특별한 섭리였습니다. 전도가 힘든 이유 중 하나는, 인간의 생각으로 모든 것을 판단하기 때문입니다. 그러나 복음이 일어나는 것은 인간의 생각을 뛰어넘습니다.

하나님이 하시는 일은 무한합니다. 인간의 생각과는 다릅니다. 언제 어디서 복음의 역사가 일어날지 아무도 모릅니다. 이런 면에서 보면 우리는 어디서나 복음의 가능성을 열고 최선을 다하는 것이 필요합니다.

오늘 내가 하는 이 일로 인해 나중에 어떤 일이 일어날지 모릅니다. 그로 인해 미래의 위대한 역사가 일어날 수 있습니다. 내가 전도한 한 사람이 나중에 어떤 일을 할지 모릅니다. 시야를 넓게 열고 우리가 있는 모든 곳을 전도의 현장으로 바라본다면 전도는 생각보다 쉽습니다.

하나님의 복음을 전하는 비전을 갖고 우리 주위에 있는 사람을 바라보십시다. 일이 뜻대로 잘 안 되고 어려움이 닥칠수록 포기하지 말고 영혼에 대한 사랑을 가지고 최선을 다하면 그곳이 곧 기적의 역사가 일어나는 현장이 될 수 있습니다.

10

에베소 전도
(3차 선교여행)

"바울이 회당에 들어가 석 달 동안을 담대히 하나님나라에 대하여
강론하며 권면하되" (행 19:8)

열린 마음

● 사람들은 왜 성경(말씀)을 가까이 하지 않고 따분하게 생각하는지, 그
 이유가 무엇이라고 봅니까? 이런 사람들의 문제점을 말해 보십시오.

_____

_____

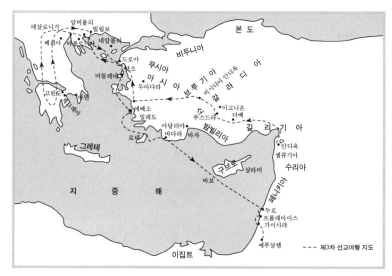

3차 선교여행 경로

말씀 먹기

● 사도행전 19:8-20을 읽고 다음 질문에 답해 보십시오.

  바울의 3차 선교여행 지역인 에베소는 아시아의 대표적인 도시입니
  다. 에베소에 선교하는 것은 소아시아 지역을 전도하는 것과 같은 중

요한 복음의 요충지입니다. 하지만 에베소는 아데미 여신 등 우상으로 가득한 도시입니다. 복음을 받아들이기 어려운 지역입니다. 바울은 에베소 지역을 2차 선교여행 때부터 마음에 두었지만 뜻대로 하지 못하고 성령의 인도하심에 따라 유럽 지역으로 방향을 바꾸었습니다. 그만큼 에베소는 바울이 마음속에 품고 있었던 지역입니다.

1 바울은 3차 선교여행을 하면서 에베소 지역에 들렀습니다. 바울이 이곳 회당에 들어가 한 일은 무엇입니까? (8)

2 어떤 사람들은 마음이 강퍅하여 바울이 전하는 도를 비방했습니다. 그러자 그 다음에 바울이 행한 일은 무엇입니까? (9-10)

3 하나님이 바울에게 희한한 능력을 행하게 하셨는데 그것은 구체적으로 어떤 일입니까? (11-12)

4 마술을 행하는 어떤 유대인들이 시험적으로 바울을 흉내 내어 귀신을 쫓아내려고 하다가 어떤 어려움을 당했습니까? (13)

5 유대의 제사장 스게와의 일곱 아들들이 바울의 이런 일을 보고 자기들도 같이 행하려고 하다가 어떤 문제가 일어났습니까? (14~16)

6 귀신 쫓아내는 일 등을 보면서 에베소에 거하는 유대인이나 헬라인들의 반응은 어떠했는지 말해 보십시오. (17~18)

7 마술을 행하던 사람들은 어떻게 변화되었습니까? (19)

8 교회의 부흥과 개인의 사역에서 번성과 흥왕하게 하는 중요한 원동력 (뿌리)은 무엇입니까? (20)

🌲 생각해 보기

● 바울은 에베소에 들러 두란노에서 2년 동안 날마다 말씀을 가르쳤습니다. 이처럼 바울은 가는 곳마다 말씀을 가르치는 일에 심혈을 기울였습니다. 그 이유는 무엇이라고 봅니까? (참고. 행 20:31-32)

_____

_____

💡 Tip 말씀만이 영원합니다. 세상의 모든 것은 결국은 사라집니다. 그러나 하나님의 말씀은 영원토록 계속됩니다. 우리를 끝까지 지켜주고 책임지는 것은 사람이 아닙니다. 말씀입니다. 이것보다 소중한 선물은 없습니다.

🌲 삶의 적용

1 내가 사람들에게 복음을 전할 때 언제나 두 가지 반응이 나타납니다. 하나는 긍정적, 다른 하나는 부정적인 반응입니다. 그럴 때 나는 어떻게 합니까?

_____

_____

2 복음으로 인해 귀신이 나가거나, 병을 치유받은 경험을 했거나, 그런 것을 본 적이 있습니까? 그것에 대한 나의 생각을 말해 보십시오.

_____

_____

3 나는 말씀에 힘이 있다는 것을 얼마나 믿습니까? 나는 말씀의 소중함을 얼마나 알고 있습니까? 나는 말씀을 만나는 시간을 얼마나 갖고 있는지 말해 보십시오.

에베소 원형 극장

말씀의 위력을 아십니까?

말씀은 세력을 얻고 흥왕하는 힘이 있습니다. 전도의 역사는 말씀을 전할 때 일어납니다. 전도는 말씀의 힘입니다. 복음은 말씀의 힘을 믿는 사람을 통하여 전해집니다. 사람을 움직이고 마음을 변화시키는 힘은 오직 말씀으로만 가능합니다. 말씀이 전해지지 않으면 구원은 일어나지 않습니다. 하나님이 이 세상을 창조하신 것도 말씀을 통해서 일어났습니다. 지금도 창조의 역사는 말씀을 통해서 일어납니다.

바울은 가는 곳마다 복음을 전하고 회심한 사람을 말씀으로 가르치는 일에 올인했습니다. 오직 말씀 전하는 일 외에는 다른 일을 하지 않았습니다. 그것은 바울에게 자신은 잠시 있다가 떠나지만 말씀은 그들을 영원히 지킬 수 있다는 확신이 있었기 때문입니다.

하나님은 영이십니다. 하나님은 말씀이십니다. 하나님은 말씀을 통해서 역사하십니다. 하나님을 알 수 있는 방법은 말씀을 통해서만 가능합니다. 말씀을 전하고 가르치는 것은 글자를 공부한다는 의미가 아닙니다. 하나님을 알게 하고 하나님을 가슴에 품게 하는 것입니다.

나는 얼마나 말씀의 힘을 믿고 있나요? 나는 얼마나 말씀을 사모하고 그 안에 집중하기를 원합니까?

알고 있나요? 최고의 공부는 말씀 공부입니다. 최고의 만남은 말씀을 통해서 하나님을 만나는 것입니다.

11

멜리데 섬에서의
치유사역
(4차 선교여행)

"보블리오의 부친이 열병과 이질에 걸려 누웠거늘 바울이 들어가서 기도하고
그에게 안수하여 낫게 하매" (행 28:8)

🌰 열린 마음

● 말씀과 기도함으로 일어나는 기적과 치유의 일들을 나는 얼마나 믿습
니까? 만약 잘 안 믿어진다면 왜 그렇다고 봅니까?

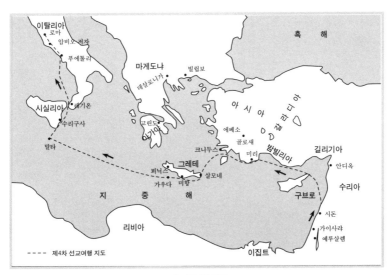

4차 선교여행 경로

🌰 말씀 먹기

● 사도행전 28:1-10을 읽고 다음 질문에 답해 보십시오.

로마는 바울의 선교 목적지 중 하나입니다. 이제 바울은 로마로 죄수
의 몸으로 가게 됩니다. 그 와중에 풍랑을 만나(유라굴라) 죽을 고비를

넘겼습니다. 본문은 바울 일행이 겨우 무인도 섬인 멜리데에 도착하는 모습을 그리고 있습니다.

1 구원을 얻게 한 섬은 어느 섬입니까? (1)

_____

_____

2 섬에 있는 원주민들은 바울의 일행들에게 어떤 친절을 베풀었습니까? (2)

_____

_____

3 바울이 독사에 물린 것을 본 원주민들이 무엇이라 말했습니까? (3-4)

_____

_____

4 독사에게 물린 바울은 어떻게 되었으며 그것에 대한 원주민들의 반응은 무엇이었습니까? (5-6)

_____

_____

5 추장 보블리오가 바울 일행을 어떻게 대했으며 그 집안에 어떤 문제

가 발생했습니까? (7-8)

6 바울은 보블리오의 부친을 이렇게 낫게 했습니까? 이런 일로 인해 이
후에 나타난 일은 무엇입니까? (8-10)

 생각해 보기

● 바울의 치유 두 사건은 멜리데 섬에서 바울의 위치를 말해 주고 있습
니다. 비록 바울이 죄수의 몸이지만 멜리데 섬에서는 지도자 역할을
합니다. 멜리데 섬에 바울을 석 달 동안 머물게 한 이유는 무엇입니
까? 세상 속에서 그리스도인의 위치는 무엇입니까? (참고, 막 16:15-18)

💡 Tip 바울은 비록 죄수의 몸이었지만 멜리데 섬에서의 그는 죄수가 아닌 지도자
였습니다. 바울을 호송하던 로마 병사와 다른 사람들은 바울에 의해 죽고 사는 신세
가 되었습니다. 완전히 위치가 바뀌었습니다. 이것이 복음을 전하는 자에게 주신 하
나님의 특권입니다. 하나님 사람이 모든 것의 리더입니다.

 삶의 적용

1 지금까지 살아가면서 하나님의 구원을 체험한 경우가 있습니까? 작은 경우라도 말해 보십시오.

_____

_____

2 이 시간 내 주위에 아픈 사람은 없습니까? 그들을 위한 간절한 치유 기도의 시간을 가지십시오.

_____

_____

3 오늘 말씀에서 깨달음과 도전을 주는 말씀은 무엇입니까?

_____

_____

바울의 배

독사에게 물려도

독사에게 물리면 보통 사람들은 죽습니다. 그러나 복음의 사람은 죽지 않을 수 있습니다. 우리의 죽고 사는 것은 하나님의 손에 달려 있습니다. 언제 나를 살려 주실까요?

모두 죽어도 어떤 사람은 기적적으로 살아나는 경우가 있습니다. 그 사람은 하나님의 소명을 받은 사람입니다. 소명을 받은 사람은 그 소명을 다 하기까지 죽지 않습니다. 설사 죽을 일이 생긴다 해도 하나님은 극적으로 그를 구원하셔서 하나님의 일을 이루십니다. 그것은 나 때문이 아닌 복음 때문입니다. 하나님의 소명을 받은 사람은 살고 죽는 것에 그다지 연연하지 않습니다. 내가 살고 싶다고 사는 것이 아닙니다. 모든 것은 하나님의 손에 달려 있습니다.

중요한 것은 내가 복음을 위한 사명을 가지고 살아가느냐입니다. 나를 위한 공부입니까? 아니면 하나님의 영광을 위한 공부입니까? 하나님을 위한 공부를 한다면 하나님이 나에게 길을 열어 주실 것입니다.

먼저 내 목표의 초점을 하나님께 맞추십시오. 그것이 주어진다면 나는 하나님의 소명을 받은 것입니다. 그리고 내 인생을 하나님께 맡기고 모든 것을 투자하면 하나님은 내 인생을 책임져 주실 것입니다. 그러나 내가 내 뜻대로 인생을 살아가면 불안합니다. 일 등을 해도 평안하지 않습니다. 늘 무언가 쫓기고 도망가는 삶을 살게 됩니다. 그러나 하나님께 맡기는 인생은 성공과 실패와 상관없이 마음이 편안합니다.

어떻습니까. 나도 한번 이런 인생을 살고 싶지 않습니까?

12

로마에서
바울

"담대히 하나님 나라를 전파하며 주 예수 그리스도께 관한 것을 가르치되
금하는 사람이 없었더라." (행 28:31)

🌺 열린 마음

● 만약 나에게 24시간만 주어진다면 나는 무엇을 할 것인지 세 가지를
말해 보세요.

1)

_____

_____

2)

_____

_____

3)

_____

_____

🌺 말씀 먹기

● 사도행전 28:16-31을 읽고 다음 질문에 답해 보십시오.

바울은 선교의 최종 목적지가 서바나였습니다. 로마는 그 중간입니
다. 바울은 죄인으로 잡혀서 로마에 왔습니다. 바울의 선교는 보통
생각하는 선교 방식과 다릅니다. 바울은 로마에서 가택연금을 당합
니다. 그러나 바울의 복음을 전하고자 하는 열정은 대단합니다. 그래
서 오직 복음에 자기 목숨을 바친 위대한 선교사 바울을 바라보게 됩

니다. 가택연금 상태에서도 그의 복음의 열정은 계속됩니다.

1 로마에 들어간 바울은 그곳 사람들로부터 어떤 특별한 배려를 받았습니까? (16)

_____

_____

2 로마에서 사람들에게 전한 바울의 메시지를 정리해 보십시오. (17-20)

_____

_____

3 바울의 말을 들은 로마 사람들의 반응은 어떠했습니까? (21-22)

_____

_____

4 바울은 자기의 꿈대로 로마에서 변증할 기회를 얻어 복음을 전하였는데 그것의 결과는 어떠했습니까? (23-24)

_____

_____

5 복음을 받아들이지 않는 경우를 보고 바울이 구약성경을 인용한 내용과 바울이 전한 메시지를 말해 보십시오. (25-29)

6 바울은 2년 동안 셋집에 유하면서 무엇을 했습니까? (30-31)

 생각해 보기

● 바울은 얼마간 자유로운 형태의 감옥에서 2년 동안 갇혀 옥중서신(에
베소서, 빌립보서, 골로새서, 빌레몬서)을 기록했고, 그 안에서도 사람들을 만
나 하나님나라의 복음을 전하였습니다. 바울은 몸은 비록 갇혔으나
마음은 자유로웠으며 감옥에 매인 것이 아닌 그리스도에 매인 종이었
습니다. 이를 통해 도전받는 우리들의 복음 전도자의 모습과 비전을
말해 보십시오.

💡 **Tip** 바울은 어디를 가든지 복음을 전하고 가르치는 것이 그의 일이었습니다. 사
도행전의 마지막 바울의 모습은 계속 진행형입니다. 그 어느 것으로도 그의 복음의
열정은 막을 수 없습니다. 사도행전 마지막 장의 모습에는 그것이 아주 잘 나타나 있
습니다. 우리는 이것을 통해 말씀과 일치된 바울의 모습을 볼 수 있습니다. 그는 말
씀을 통한 선교를 꿈꾸고 있었습니다.

 삶의 적용

1 나는 바울과 같은 복음의 열정을 어느 정도 갖고 있다고 생각하십니까? 아울러 어떻게 하면 나도 바울과 같은 복음의 열정을 갖고 살 수 있을까요?

_____

_____

2 나에게 있는 인생의 가장 소중한 것이 복음이라고 말할 수 있습니까? 복음을 위해 내 인생을 바친다는 고백문을 적어 보세요.

_____

_____

3 오늘 말씀을 통해 주시는 영적 교훈과 깨달음을 말해 보십시오.

_____

_____

사도편지

영원한 그 말씀을 위해 살라

예수님의 지상명령은 "너희는 가서 모든 족속으로 제자를 삼아 아버지와 아들과 성령의 이름으로 세례를 주고 내가 너희에게 분부한 모든 것을 가르쳐 지키게 하라"입니다.

예수님의 제자인 바울은 예수님처럼 그대로 살다가 간 사람입니다. 주님이 말씀하신 것을 가르쳐 지키게 하는 일이야 말로 바울이 마지막까지 해야 할 일이었습니다. 오직 말씀이 바울의 삶이었습니다. 이것은 사도행전의 마지막 모습에서 더욱 분명하게 드러납니다. 담대히 하나님나라를 전파하며 주 예수 그리스도에 관한 것을 가르치는 일입니다

이러한 그의 일을 누구도 막을 수 없었습니다(행 28:31). 바울은 왜 그렇게 했을까요? 왜 주님은 우리에게 마지막의 일로 말씀을 가르치는 일을 제시했을까요? 그것은 영원히 남는 것은 오직 말씀뿐이기 때문입니다. 말씀을 붙잡고 살면 그는 영원한 사람이 됩니다. 이런 면에서 바울은 영원한 사람입니다. 이 세상 것은 결국 다 사라지고 없어집니다. 그러나 하나님의 말씀은 영원합니다. 그렇다면 분명한 답 하나를 얻을 수 있습니다. 그것은 우리 인생의 마지막까지 해야 할 일은 복음을 전하고 가르치는 일이라는 것입니다. 내 인생의 목적은 말씀을 전하고 가르치는 일에 모아져야 합니다. 세상의 모든 일들은 결국 이것을 위해서 해야 합니다. 그렇지 못하면 모든 것은 바람처럼 사라지고 맙니다.

"모든 육체는 풀과 같고 그 모든 영광이 풀의 꽃과 같으니 풀은 마르고 꽃은 떨어지되 오직 주의 말씀은 세세토록 있도다 하였으니 너희에게 전한 복음이 곧 이 말씀이니라."(벧전 1:24-25)

저자 이대희 목사

장로회 신학대학교 신학대학원(M.Div)과 연세대학교 연합신학대학원(Th.M)을 졸업하고 현재 에스라성경대학원대학교 성경학박사(D.Liit) 과정 중이다.

예장총회교육자원부 연구원과 서울장신대학교 신학과 교수를 역임하고 서울 극동방송에서 "알기 쉬운 성경공부" "기독교 이해" 등의 프로그램을 진행했다. 지난 20여 년 동안 성서사람·성서한국·성서교회·성서나라의 모토를 가지고 한국적 성경교육과 실천사역을 위해 집필과 세미나와 강의사역을 하고 있다. 현재 바이블미션(www.bible91.org) 대표, 꿈을주는교회 담임목사, 독수리기독중고등학교 성경교사, 강남성서신학원 외래교수, 서울장신대 겸임교수로 사역 중이다.

저서로 《30분 성경공부시리즈》 《투데이 성경공부시리즈》 《아름다운 십대 성경공부시리즈》 《이야기대화식성경연구》 《성경통독을 위한 11가지 리딩포인트》 《심방설교 이렇게 준비하라》 《예수님은 어떻게 교육했을까?》 《1% 가능성을 성공으로 바꾼 사람들》 《자녀를 거인으로 우뚝 세우는 침상기도》 《하룻밤에 배우는 쉬운 기도》 《하나님 이것이 궁금해요》 《크리스천이 꼭 알아야 할 100문 100답》 등 100여 권이 있다.

사도행전 글로벌 증인이 되어라

틴~꿈 십대성경공부 | 신약책 시리즈 3

초판1쇄 발행일 | 2009년 8월 20일

지은이 | 이대희
펴낸이 | 박종태
펴낸곳 | 엔크리스토
마케팅 | 정문구, 강한덕
관리부 | 이태경, 신주칠, 임우섭, 맹정애, 이수진

출판등록 | 2004년 12월 8일(제2004-116호)
주   소 | 경기도 고양시 일산동구 장항동 568-17
전   화 | (031) 907-0696
팩   스 | (031) 905-3927
이메일 | visionbooks@hanmail.net
공급처 | 비전북 전화 (031) 907-3927 팩스 (031) 905-3927

ISBN 978-89-92027-73-1 04230

값 3,000원

- 잘못된 책은 바꾸어 드립니다.
- 이 교재의 사용 방법, 내용, 훈련, 세미나에 대한 문의는 바이블미션(02-403-0196, 016-731-9078)으로 해주시면 최선을 다해 도와드리겠습니다.

엔크리스토 성경공부 양육 교재

투데이 성경공부

평생 성경공부할 수 있도록 구성한 시리즈. 주제별로 구성되어 있어 각 교회의 상황에 맞게 커리큘럼을 재구성하여 사용할 수 있다.

101 신앙기초(전 9권 완간) | 201 예수제자(전 9권 완간) | 301 새생활(전 12권 완간)
601 성경개관(전 10권 완간) | 401 · 501 발간 예정

30분 성경공부

신앙생활의 기초를 다루었으며 신앙의 전체 그림을 그릴 수 있는 2년 과정의 소그룹 성경교재다. 성경공부를 시작할 때 사용하면 효과적이다.

믿음편 | 기초 · 성숙   생활편 | 개인 · 영성 · 교회 · 가정 · 이웃 · 일터 · 사회 · 세계
성경탐구편 | 창조시대 · 족장시대 · 출애굽시대 · 광야시대 · 정복시대/사사시대 · 통일왕국시대 ·
분열왕국시대 · 포로시대/포로귀환시대 · 복음서시대1 · 복음서시대2 · 초대교회시대 · 서신서시대

아름다운 십대 성경공부

십대들이 꼭 알아야 할 성경의 핵심내용과 기독교적 가치관, 세계관을 정립하는 데 필요한 핵심주제를 담고 있으며, 3년 과정으로 구성되었다.

101 자기정체성 · 복음 만남 · 신앙생활 · 멋진 사춘기 · 예수의 사람(전 5권)
201 가치관 · 믿음뻗대 · 십대생활 · 유혹탈출 · 하나님의 사랑(전 5권)
301 비전과 진로 · 신앙원리 · 생활열매 · 인생수업 · 성령의 사람(전 5권)

틴꿈 십대성경공부

성경 전체의 내용을 핵심적으로 구성되었으며, 성경 파노라마를 통해 십대들이 알아야 할 성경의 맥과 개관을 다루고 구약책과 신약책 중에서 십대에 맞는 책을 선택하여 집중적으로 유형별로 균형 있게 공부할 수 있다.

1년차 성경개관 | 성경파노라마 1, 2, 3, 4, 5(전5권)
2년차 구약책 | 창세기 · 에스더 · 다니엘 · 잠언 · 전도서(전5권)
3년차 신약책 | 누가복음 · 로마서 · 사도행전 · 빌립보서 · 요한계시록(전5권)
 • 틴~ 꿈 새가족 양육교재

엔크리스토 성경공부 양육 교재

책별 66권 성경공부

성경 전체 66권을 각 권별로 자유롭게 선택하여 사용할 수 있는 성경공부.
성경 전체를 체계적으로 연구할 수 있다.

창세기 1·2·3·4, 느헤미야, 요한복음 1·2, 로마서, 에스더, 다니엘, 사도행전 1·2·3
(계속 발간됩니다)

엔크리스토 제자양육성경공부

한 사람을 온전한 제자로 만드는 과정으로 7단계로 구성되었있다. 전도(복음소개)와
양육(일대일 양육, 이야기대화식 성경공부)과 영성(영성훈련)의 3차원을 통전적으로
연결되어 있으며 제자훈련 과정으로 적합하다.

복음소개 · 일대일 양육 · 새로운 사람 · 성장하는 사람
변화된 사람 · 영향력 있는 사람 · 영성훈련(전7권)

인도자를 위한 지침서

• 인도자 지침서(십대 성경공부 101·201·301시리즈) ㅣ 이대희 지음 ㅣ 각 10,000원
• 인도자 지침서(틴꿈 십대성경공부) ㅣ 이대희 지음 ㅣ 10,000원
• 인도자 지침서(엔크리스토 제자양육성경공부) ㅣ 이대희 지음 ㅣ 10,000원
• 인도자 지침서(30분 성경공부 믿음편 기초, 성숙ㅣ생활편 개인, 교회)
  ㅣ 이대희 지음 ㅣ 10,000원

성경공부에 필요한 참고 서적

• 이야기 대화식 성경연구 ㅣ 이대희 지음 ㅣ 10,000원
• 크리스천이 꼭 알아야할 100문 100답 ㅣ 이대희 지음 ㅣ 10,000원
• 꿈을 이루는 10대 크리스천을 위한 52가지 ㅣ 이대희 지음 ㅣ 10,000원